ALLOCUTION

PRONONCÉE

PAR M. LE PASTEUR ERNEST DHOMBRES

AU MARIAGE

DE

M. EUGÈNE MULLER-SOEHNÉE

AVEC

MLLE JEANNE-ÉLISE DE NEUFVILLE

LE 5 JUIN 1877

A L'ÉGLISE DE L'ORATOIRE, A PARIS

ALLOCUTION

PRONONCÉE

PAR M. LE PASTEUR ERNEST DHOMBRES

AU MARIAGE

DE

M. EUGÈNE MULLER-SOEHNÉE

AVEC

MLLE JEANNE-ÉLISE DE NEUFVILLE

LE 5 JUIN 1877

A L'ÉGLISE DE L'ORATOIRE, A PARIS

Ce que je pourrai vous dire ne sera qu'un faible commentaire de l'institution du mariage, telle que vient de nous la décrire, dans son langage grave et simple, notre vieille liturgie, écho fidèle de la parole de Dieu.

Depuis six mille ans que l'humanité existe, rien de plus grand, rien de plus puissant, rien de plus beau n'a été dit sur le mariage que cette parole prononcée par l'Éternel lui-même au berceau de notre race : « *Il n'est pas bon que l'homme soit seul ; je lui donnerai une aide et une compagne semblable à lui..... C'est pourquoi l'homme quittera son père et sa mère et s'attachera à sa femme ; et les deux seront une seule chair.* » Depuis dix-huit siècles que le Christ est venu sur la terre, rien de plus auguste, rien de plus tendre n'a été dit sur le mariage que cette parole de saint Paul : « *Maris, aimez vos femmes comme*

*Jésus-Christ a aimé son Église..... Comme l'Église est
soumise à Jésus-Christ, femmes, soyez soumises à vos maris. »*
Toute la dignité et toute la sainteté du mariage, toutes
ses joies et toutes ses vertus sont là !

Vous étiez seul, mon frère ; privé, depuis bien des
années, de l'appui d'un père, vous aviez vu disparaître
à son tour cette mère à laquelle vous vous consacriez
avec tant de dévouement ; et bien qu'à côté de vous un
foyer fraternel vous fût affectueusement ouvert, vous
vous sentiez seul dans la vie et vous aspiriez à trouver
une compagne . qui vînt embellir votre intérieur et
répondre aux besoins de votre cœur aimant. *Cette aide
semblable à vous*, Dieu vous l'accorde aujourd'hui, et vous
pouvez fonder sous son regard ce foyer, objet de tous vos
rêves, ce foyer où s'abriteront vos tendresses et vos indé-
pendances, où vous déploierez au profit d'une famille les
ressources de votre intelligence, de votre cœur et de
votre volonté, où vous continuerez fidèlement des tradi-
tions de piété et de vertu. Non, je ne connais rien de
plus digne de l'ambition d'un jeune homme pur que ce
titre si modeste, mais si grand, d'époux et de chef de
famille !

Pour vous, ma sœur, vous n'étiez pas seule..... Vous
étiez si heureuse au nid paternel, entourée d'une famille
nombreuse et unie, ardemment aimée par des cœurs de
père et de mère, de frères et de sœurs..... que vous vous
demandiez peut-être ce que le mariage pourrait vous
offrir en échange d'aussi vives tendresses. Et cependant,

lorsqu'un jeune homme sérieux et loyal a demandé votre main, vous avez consulté votre père et votre mère, vous avez consulté Dieu, vous avez consulté votre cœur et vous avez dit avec confiance : « Voilà celui auquel je dois me donner tout entière ; *je serai une aide et une compagne semblable à lui.* » Aide et compagne, quelle mission, quel privilége ! Partager les joies et les peines, les préoccupations et les pensées les plus intimes d'un époux, accepter avec son appui sa tendre direction, cacher pour ainsi dire son existence dans la sienne..... que cela est plus beau pour la jeune femme que toutes les parures, que les succès du monde et les triomphes de la vanité, ou que ce goût pour l'indépendance et les théories égalitaires dans le mariage, qui passe, comme un mauvais souffle, sur la génération contemporaine !

Dès que vous vous êtes connus, mes chers amis, vous vous êtes attachés l'un à l'autre et l'amour est devenu la préface encourageante de votre union. L'amour, ce n'est pas le christianisme qui le dédaigne et le méprise : l'amour, c'est la jeunesse des sentiments, c'est le printemps des affections humaines, c'est la poésie légitime de la vie ; mais le christianisme vient le pénétrer d'un élément supérieur et en assurer la constance et la durée. L'amour, en effet, participe de l'imperfection de toutes les choses humaines et des égarements de notre nature déchue. C'est une plante étrangère, en un sens, à nos cœurs égoïstes, et qu'il faut cultiver avec un soin jaloux comme ces fleurs des contrées lointaines qui ne prospèrent que sous une main attentive et délicate. Tournez-la du

*

côté du ciel, et elle vous réservera, à travers le cours de la vie, de nouveaux ravissements et de nouveaux parfums! Aimez-vous, non comme des créatures d'un jour, mais comme des créatures immortelles que le Christ a rachetées, que l'Esprit sanctifie et que le ciel attend, et votre amour empruntera à celui d'un Dieu Sauveur quelque chose de divin, d'infini, d'inépuisable!

J'ai parlé de Dieu : vous devez désormais vivre ensemble pour sa gloire. Qui dira le vide de ces foyers où Dieu n'est pas, où les deux époux ne s'agenouillent pas pour implorer sa protection et sa grâce, où la jeune mère reçoit son nouveau-né sans le consacrer, autrement que par une vaine forme, à Celui qui peut veiller sur ce frêle berceau, où les tombes s'ouvrent et se referment sans espérance, glacées et muettes comme la mort elle-même? Ah! de tels foyers, malgré tous les avantages terrestres, malgré la jeunesse, la grâce, la fortune et les faveurs les plus enviées, sont des foyers sans flamme, sans joie, sans gage d'avenir. Mais qui dira, au contraire, tout ce que l'hôte divin apporte, même au foyer le plus obscur, de paix et de bonheur? Ouvrez-lui, jeunes époux, la porte de votre demeure; faites-lui sa place, évidente et bien marquée, par le culte domestique, cette pieuse coutume de nos pères : qu'aucune journée ne s'écoule sans que vous ayez ensemble prié Dieu et lu quelques versets du livre immortel : que cette forme nécessaire ne soit pas une forme vaine, mais une inspiration pour toute votre conduite et comme le programme chaque jour renouvelé d'une sainte vie.

Appelés à servir Dieu, vous êtes appelés aussi à servir
vos frères, car l'égoïsme à deux ne vaut guère mieux
que l'égoïsme solitaire; considérez-vous donc, selon l'ex-
pression de saint Paul, comme *redevables envers tous les
hommes*, et en particulier envers vos frères malheureux.
Quand vous jetterez un regard sur votre intérieur si favo-
risé des dons de Dieu, pensez quelquefois à ces autres
foyers où il n'y a ni aisance, ni sourire, ni bonheur... et
alors quittez votre demeure pour aller apporter dans celle
du pauvre un secours généreux, une parole d'affection
et de sympathie. Quand vous ferez ensemble une lecture
intéressante, pensez à ceux qui semblent voués par leur
ignorance aux jouissances grossières, et soutenez toutes
les institutions qui ont pour but l'instruction, le développement, le relèvement des classes les moins favorisées.
En un mot, faites du bien et au corps et à l'âme de vos
frères, et goûtez ainsi les joies les plus hautes, les plus
pures, celles de la charité. Vous le voyez, en vous parlant
de devoir, je vous parle encore de bonheur. Le devoir,
le bonheur, ces deux termes semblent souvent opposés,
mais ils ne le sont que dans le désordre de notre nature
déchue; en réalité ils se rejoignent et ils se confondent
dans l'harmonie de notre nature renouvelée par l'Évangile.
Le bonheur, il ne se cherche pas, comme l'or périssable,
en bas sous les couches inférieures du sol..... il se cherche
en haut, dans les régions supérieures, sur ces belles cimes
qui s'appellent la foi, l'espérance, la charité !

Laissez-moi maintenant, jeunes époux, vous placer
devant un grand souvenir que j'emprunte aux annales

de votre famille. Il y a plus de trois siècles, quelques années après cette date néfaste de la Saint-Barthélemy que tout Français voudrait effacer de notre histoire, long-temps avant cet autre jour non moins funeste où Louis XIV chassa de France quatre cent mille familles protestantes, Sébastien de Neufville, votre glorieux ancêtre, s'exilait volontairement pour servir Dieu selon sa conscience; il s'établissait sur une terre étrangère, où ses descendants ont prospéré par la bénédiction d'en haut, et c'est une branche de cette famille, revenue dans des temps meilleurs au pays de ses pères, qui voit s'accomplir l'union que nous célébrons aujourd'hui. Quel témoignage éclatant de la fidélité de Dieu ! Quel merveilleux accomplissement de cette parole de David : « *La miséricorde de l'Éternel est de tout temps et à toujours sur ceux qui le craignent, et sa justice sur les enfants de leurs enfants ;* » et de cette parole de Jésus-Christ : « *Je vous dis en vérité qu'il n'y a personne qui ait quitté maison, père, mère, femme ou enfant pour le royaume de Dieu, qui ne reçoive beaucoup plus dans le siècle présent et au siècle à venir, la vie éternelle !* »

Vous qui entrez aujourd'hui dans la carrière conjugale, que ce grand exemple soit toujours devant vos yeux ! Soyez toujours fidèles à cette tradition généreuse !

Et vous, mes frères, devant lesquels j'ai évoqué l'idéal du foyer chrétien, laissez-moi le formuler dans ce seul mot que je vous conjure d'emporter dans vos cœurs : *Dieu dans la famille !*

Dieu dans la famille, et le mariage nous grandit, nous élève, et il exerce l'action la plus décisive sur notre développement moral. — Dieu dans la famille, et après nous avoir rendus capables de remplir nos devoirs d'époux, sa grâce nous assiste dans notre tâche de père et de mère. — Dieu dans la famille, et ainsi sanctifiés au-dedans, quelle influence nous pouvons répandre au dehors! Les vertus domestiques produisent les vertus publiques, comme l'arbre produit son fruit. Ah! si nous pouvions voir se multiplier des foyers chrétiens dans toutes les zones sociales, nous ne serions pas inquiets de l'avenir de notre pays et nous verrions s'approcher la solution des problèmes qui nous tourmentent, dans un sens de paix, de sagesse et de liberté. — Dieu dans la famille, enfin, et la vie présente en prépare une meilleure..... et l'on embrasse du regard les deux maisons : la maison terrestre où se succèdent les joies et les peines, les rayons et les ombres, les luttes et les délivrances, et la maison d'en haut, où il n'y aura plus ni deuil, ni cri, ni travail, où nos morts sont vivants, et où nous irons les rejoindre! *Amen!*

IMPRIMERIE CENTRALE DES CHEMINS DE FER. — A. CHAIX ET Cⁱᵉ RUE BERGÈRE 20 A PARIS. — 10844-7.

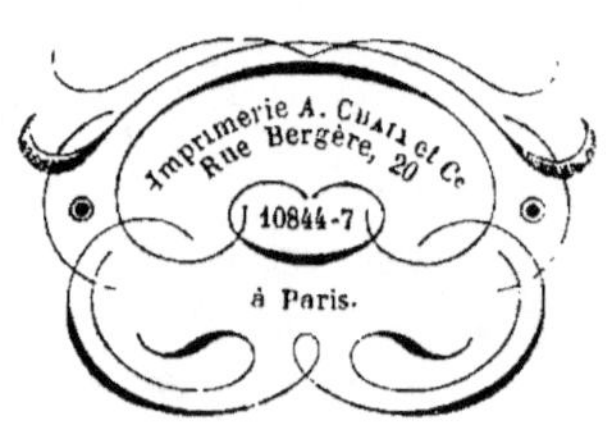

Imprimerie A. Cuart et Ce
Rue Bergère, 20
10844-7
à Paris.